AF210620

Förlag: BoD – Books on Demand, Stockholm, Sverige
Tryck: BoD – Books on Demand, Norderstedt, Tyskland
ISBN: 978-91-7969-942-0

أعمدة العزلة

الكتاب: أعمدة العزلة (شعر)

المؤلف: سعيد الشيخ

لوحة الغلاف: الفنان سينا عطا

منشورات ألوان عربية - الطبعة الأولى ٢٠٢١

© 2021 Alcheikh, Said

Förlag: BoD – Books on Demand, Stockholm, Sverige
Tryck: BoD – Books on Demand, Norderstedt, Tyskland
ISBN: 978-91-7969-942-0

سعيد الشيخ

أعمدة العزلة

شعر

أعمدة العزلة

لا بأس،

في الستين

وقد غزا الشيب الرأس

ولا زلت أحمل الفأس

احطّب افكاراً تخشّبت في عقلي

**

روحي تذهب في الصلاة

والحائط شاخص بي

فيما أبدو،

لاهياً عن شؤون المدينة

والليل يمنحني ضوضاء النجوم

لألمّ بأسرار المجرّات

***

أشعل الشموع

وأحتفي بالطفل

الذي اختبأ في شيخوختي

***

قلبي مربوط بحبل من شجن

ولا أحد سواي

يذرف كلّ هذه الدموع

التي بلّلت الشراشف

***

الفكرة الذهبية

سراب في صحراء مترامية

قطعة رخوة بين الرمال

هباء مُتورّم في جسد العمر

***

هذا وقت لا يشبه وقتاً آخر

وجسدي ضامر

بين الطاولة والسرير

في هذه العزلة؟

عليّ ترتيب خرائطي

***

هل كانت روحي تفاحة تائهة

تبحث عن حديقة

أم كانت فراشة

تلوب بين السراج والوردة؟

***

أضع نفسي تحت المراقبة

هذا رجل ميّت دون أنْ يموت

وذاك رجل يمسك بقمر دون أنْ يمسّه

وهناك في حديقة نائية

رجلٌ يجلس مع امرأة تعيش في خياله

وها هنا رجل يسترخي على أريكة متداعية

ويعدّ على أصابعه

ومن غير الواضح أنه يستريح

أو يمدّ وصلاً مع الندم

أو ربما يتأمل خيبته ويحصي خساراته

***

كما لو كنت أعرف هذه الكينونة

أو أنا لا أعرفها بتاتاً

لا شيء يدهشني، لا أحد ينتظرني

لا أحدٌ لأحد

***

يتساقط الأصدقاء مثل أوراق الشجر

ويتلاشون

ثم يتكررون بانتظام

***

كنت أزهو بقصيدتي

حين كان صديقي يزهو بقميصه

حتى اكتشفت بعد عمر طويل

أنّ قصيدتي هي قميصي

***

في المنفى ينام الغمام طويلاً

فأتذكر الشموس التي خبأتها في حقائبي

فألقاني بذاكرتي

في البلاد

أحلم بطفولة غير مكتملة

٩

***

سلام عليّ

حين العزلة تفترسني

سلام وأنا بين الغيوم بلا أجنحة

وهي تسحبني إلى مجرّات بعيدة

***

في العزلة أشعر أيضاً

بقلق العالم

العالم يرتج

***

كائنات تخرج من قلب الحائط

تلوّح لي بأيديها

لا أدري،

هل هي تستقبلني

أم تودعني؟

***

روحي وقلبي مثقلان

بصفعات وطعنات

لا أعرف من أين تنهال

الشكّ في رأسي

والغباش في عينيّ

فكيف تتكوّن صورة اليقين؟

***

لدي وقت لأخرج من نفسي

لأشعر بأسراب الطيور

التي أضاعت أعشاشها

وبالأسماك التي اختنقت في مياهها

وبإنسان وصل القاع

وها هو يهيم بلا مستقر

***

هل إذا اصطنعت التفاؤل

وزينته بجُمَلٍ بليغة

سيتغيّر العالم؟

***

أمام صفائح الليل

ليس في المدى

سوى العتمة المسكونة بأرواح

تصيح من الألم

وهي تكتسي بصوتي

***

لا أبدو على ما أنا أبدو عليه

هذا الهدوء وهذا الصمت

ليس حقيقياً

في الواقع أنا اجادل كل المكوّنات

في هذه الغرفة المنتصبة

خلف الشمس

***

هنا استعيد بالهيستيريا عقلي

كصَدَفَةٍ

اضعها في المشرحة

لاستخرج منها لؤلؤة اليقين

***

كنت غير متأكد من طفولتي

وها مرة أخرى، لست متأكداً من شيخوختي

هي حياة على غير ترتيب،

وعقارب الساعة تدور

أنسى انني حزين..
وأبتسم

أنسى انني حزين

وأبتسم

وكم أودّ

لو أنّ احداً يضبطني متلبساً

بابتسامتي

***

أفكر بالفكرة:

وهي ليست بالضرورة أن تكون اكتشافاً جديداً

يكفي ألا يكون في المكان مرآة

تعكس المرئيات

***

من أين لي بالمعنى، والأفكار مثل زئبق يشدّني إلى هاوية

هل ألجأ إلى البداية؟

***

ذكرياتي مثقوبة بفعل شظية

لكي استحضرها

أشعر بأنني أهوي إلى قاع بئر

تحتله الثعابين

***

كل غروب

تطالعني صور الأهل

وظلال شجرة على الحائط

فأتذكر شجرة التين في المخيم

" قال لي ابي: هذه الشجرة لك، حملتها غصناً صغيراً قصصته من أمها الوارفة، حين حلّت علينا النكبة لتدفعنا إلى الرحيل عن البلاد، جئت به وزرعته، ها هنا ليكبر في الشتات، وكنت تكبر معه".

ها هو الغصن، بني، صار شجرة كاملة، أقدمها لك أمانة لتعيدها إلى أمها في ساحة الدار.

***

يا أبي تمدد بنا الشتات

وجراح تينتنا لم تلتئم من شظايا القذائف التي انهمرت علينا ذات صيف.. وظلت تنهمر

ها أنا هنا،

أعيش في الظلال

وتنهشني الكوابيس

وها أنت هناك

تحت التراب تتفرس في الظلمة

يا أبي،

كلّ امكنتنا من غياب ومنفى

والديار بعيدة،

بل أبعد ممّا ظننّا

***

في ليالي الكوابيس

أغلق كل جرح استيقظ بجسدي

وافتح الشبابيك للمعاني

لعلّ الرائحة تنفذ

وتعيدني إلى طفولتي

حيث كانت الأحلام خضراء

تمتد على حجم العالم

***

لست وحيداً تماماً

والعناكب قد نسجت بيوتها في الزوايا

وتمتد خيطانها إلى رأسي

***

اسأل الحياة عن الالفة

أريد أن أنضمّ إلى روحي ولحدي

***

أنا هنا لست أكثر من جامع أشلاء

أجمع أشلائي الحيّة

كي تطفو ذكرياتي عن الأيام السعيدة

فوق الحطام

***

الجدران كاتمة للأسرار

لا أحد يعرف كيف تمضي العزلة خلفها

ولا أحد يريد أنْ يسمع أنين الآخر

فالعالم كله يقع تحت أنين صامت

***

أنا هنا لا أقول

ما ينبغي أنْ يُقال

لساني ثقيل من الجفاف

روحي مثقوبة أمام قوانين غير طبيعية

ودمائي تفور

***

حين كانت الحرب تأكلنا

كان هناك أمل

في أنْ يحطّ الطائر الأبيض

على أشجار وسقوف الديار

أمّا في المنفى،

يفتقد المنفيّ الرجاء والآمل

٢٠

***

ابحث عن دهشتي

في المدينة التي تعطيني ظهرها

فلا أجد سوى أنفاسي المتقطعة

تصيغ لي الحياة

من رصيف إلى رصيف

***

في هذه اللحظة،

كم أحتاج لقُبلة ولمْسة حنان

وكم بودّي أن أبكي على نفسي

خلف هذه الجدران... والليل

***

وما كان ينقصني في الصباح

إلا عصفور صغير

يحطّ على حافة نافذتي

ليموت..

هكذا ببساطة يموت

كي تكتمل طقوسي بالمراثي

***

كنت امتطي صهوة الصخب

ولا أبالي بالموت

ما بالي الآن

أحسب الموت في كلّ خطوة؟

***

ماذا أطلق على هذه العزلة

محميتي

أم هي عرائي الكامل؟

***

برد الليل أنانيّ ولعين

يخترق أوصالي
يريد أنْ يتدفّأ بأنفاسي الملتهبة

***

لا أذكر متى نمت آخر مرة
ورأيت أمي تلقّم لي طعامي
تحت خيمة
وأبي يركض بي تحت غيمة
صنعتها الطائرات

***

ما عدت أدري
هل كلّ ما أراه
هو من صنع خيالي
أم أنّ الطبيعة تلاعبني

***

يختلط عليّ الأمر
غرفتي هذه أم زنزانتي
كيف يتساوى لديّ الشعور

***

تحت خيوط العنكبوت المتشابكة

أتذكر، أشجار ظللتني في تلك الأيام البعيدة

شجرتا التين والتوت

وكرمة العنب

كيف هذه الأشجار كتبت أيامي بالسعادة

برغم سروالي الممزق

وأصابع قدمي

التي كانت تطلّ من حذائي

***

أعود إلى بلادي بأوراق ثبوتية أخرى

لأبحث عن قبري

فأجد قبوراً كثيرة تحمل شواهدها اسمي

موزعة بين القرى

***

الوقت يتناسخ منذ ملايين السنين

ودائماً كان هناك

شروق وغروب،

ولادة وموت،

ليل ونهار،

حزن وفرح

***

كما في الحياة،

في العزلة سعادة مصطنعة يرفل بها حزانى حقيقيون

***

أيها المنفيون.. ابتسموا

نكاية بعالم الطغاة والغزاة

فإنّ هذا العالم هشٌ

وهو مجرد نُكتة

***

ها انني أتقدم صفوفكم

وأبتسم،

بل وأهزأ من كلّ الغيلان التي تحكم الأرض

طاحونة
تحت الشبّاك

كأنّ طاحونة تحت الشبّاك

تهدر كلّ الوقت

تطحن قمح روحي

أسمع الصوت ولا أرى طحيناً

لأبلسم به حروقي

لكنني أفكر أن أتدلّى من النافذة

لألمّ نُثار روحي

من بين الرمال والعوْسج

***

افكك بصبرِ صحراء

كُتل الرمال عن وجه الحديقة

أي عن جسدي

لعلّني أجد تُربة صالحة

وانطلق من جديد

***

المدينة التي لا أملك بها منزلا

ولا تعترف بوجودي.. إلا لاجئاً

كيف أحبها؟

***

كم أشتاق لتلك الوردة

التي ذرفت الدموع عليها

حين ذبلت

***

يتوزع عمري

بين الحبّ والحزن

وما زلت بين الشمس والمطر

ألوي رأسي

وأقارع الانكسار

اعتزل على قمة جبل

وأرفع راياتي ونشيدي

***

وأصهر الحديد بحماي

إنّ الإنسان بي

حين اجتماع العقل والروح

لقادر أن يسوّي كوكباً

ليس على الخريطة

***

عالق بين الوقت ودنو السماء

أرمم سقف عزلتي

***

هل ينبغي وأنا في أقاصي العزلة أنْ أفكر بالعالم كما يفكر العاقل؟

***

هل كل ما حدت، حدث حقاً؟

وهل الحياة التي غادرناها

تركنا فيها حقولاً من البسمات

أم قبوراً يسكنها الأحياء

***

لا زوار في المساء

ولا في أي وقت آخر

هي الريح فقط

من يطرق الأبواب

***

أيتها العزلة التي تقيمين معي

في نفس الروح ونفس الغرفة

لا أعجب

حين تقولين هذه روحي وهذه غرفتي

كما أنا أقول

***

لصيقة روحي أنتِ

وأتواطأ مع حصاركِ لي

فلا تدفعيني إلى الانكسار

لأنّكِ حينئذ ستمضين إلى زوال

***

هل عليّ أن أبلَّ عقلي

في كأس من الماء

كنبتة تريد أنْ تمتلك الجذور

***

لا تنمو شجرة الزيتون هنا

لأرطّب جروحي من زيْتها

***

دبيب الوقت في رأسي

والعزلة خليط من الحاضر والماضي

وأنا هنا مسمّر بين المدفأة والنافذة

في الشتاء والصيف

أقرأ الجمر والدخان

لعل غداً يلوح بلا غبار

***

في روحي
جراح لا تندمل
لا يجدي معها دواء ولا تعاويذ
هذي الروح كأنها خلقت من الألم
لتحيا في الألم
وأخشى أنْ تغيب بألم؟
***

لم يقل الرواة كلّ شيء
عن العزلة
هنا التفاصيل تُكتب بصمت
في غرف معتمة
***

بثبات أصعد درجات سلم المعنى
في الأعلى
اتخذت تشظياتي شكل العناقيد
طفولتي وشيخوختي معلقتان
على شجرة واحدة

***

أيتها العزلة،

كيف جعلتِ الشعراء يستأنسون

بمربعاتهم الضيقة

ويرفعون إليك الأناشيد

كيف سطوْت على هذا المديح؟

وهو ما كان يليق

إلا بالحرية

أمشي
مع قصيدتي

كم مرة متّ
لأراني أحيا
وكم مرة حييت
لأردّ الموت بقصيدة جديدة

***

لا تموت الأماكن في ذاكرتي
دائما أشعر بهوائها وشموسها
ممّا يدعوني أن أهمس لنفسي
هناك أمل

***

هذا النهار مثل نهار أمس
لم يحمل لي شيئاً جديداً

وكما السنوات الماضية
وكأنّ حياتي قد تجمّدت
وتأطّرت على تلك الصورة
كشرفة مفتوحة على العدم

***

أمشي مع قصيدتي
تكون مرة أمامي، ومرة بمحاذاتي
وأبحث عنها حين تكون خلفي
قصيدتي ظلي
ظلي المتمدد، المتطاول
عند أطراف مدن المنفى

***

حين تواجهني القصيدة
أدخل بها غابة الكلمات
لعلّني أجد معاني طازجة
مثل فطر مكلّل بالبياض

***

امحو الحشو والرتوش

أمحو الريح

لكيلا تأتي على الذكريات

***

هل على الشاعر أنْ يرمي بنفسه

من النافذة

كي تتجلى القصيدة

وتذهب بالشاعر إلى الخلود

***

لم يصعد البحر لي

انّما أنا الذي غُصت به

إلى الأعماق

حين الريح بعثتني فتياً

خلف رائحة الغياهب

لألقى بساتين التفاح

كغواية،

أتلظّي الآن في جمرها

***

المياه لا تحترق

روحي هي التي يشبُ بها الحريق

أنا الغريق...

***

هل كانت صدفة أن أكون هنا

بعيداً عن دياري

وهي تسيل في أوصالي

مثل الدماء في الأوردة

***

كم مرة صعدت الى السماء لأجلب نجمة

لطالما راودتني

لأضعها في قصيدة عصية

***

المنفى يستبد بي

ويحيلني إلى انفصام

***

من رصيف إلى رصيف

أبحث عني

لربما نسيت نفسي

في احدى المقاهي

***

دائم الرفض

وكأنني أحرّر روحي من تلوث

يفيض من المحيط

***

أجعل الوردة أختاً للعقل

والعقل شقيقاً لكلّ إنسان

كي يستتبّ الكوكب في ميزان

***

ما الضمير

إلا امرئ

وُضع العقل في يمينه والقلب في يساره

وحلُم للكون بالعدالة

***

هذه الشوارع المزدحمة

لا تبدد الملل

الكلّ يتحرك في حيرة متاهته

ويحرص على ألا يدخل متاهة الآخر

الكلّ يبحث عن إشارة الخروج

***

لا ليل ولا نهار

وكأنّ الكينونة قطعة مدلهمّة

الوقت جامد

الوقت الذي وُصف بالذهب

لا يساوي هنا إلا الهباء

في عمر يتبدد

***

الذين بكوا وباسوا الأرض

عند وصولهم

ظلوا يبكون بقية عمرهم حسرة وندماً

على الديار الأولى

***

كان أبي إذا بدأ الكلام

يجيش بالبكاء

وهذا ما أورثني إياه

أبكي حتى من دون كلام

وما بي سوى سعير من حنين

***

أشكو من قلّة النوم

وأنسى انني نمت طويلا

***

الإشارة التي تَدلك إلى المدينة

يحدث فجأة

أنْ تُدخلك إلى غابة

وأنتَ غير مؤهّلٍ لمواجهة الوحوش

***

في غسقي البعيد

والسحب الملونة مطوية في وسادتي

أحلم كما يحلم كل شريد

أن يمتلك قطعة من أرض

فوقها قطعة من سماء

يتخذها وطناً أو قبراً

***

وأذكر الطفل فيّ

الذي نام تحت شجرة التين

أثناء الغارة

وهو يحلم بالفراشات

***

لي مرايا تخفي شيب رأسي

وتريني نفسي حنطياً

بين حقول القمح

***

كلّ الأوراق والصور التي حملتها

في حقائب قليلة الثياب

أصبحت الآن صفراء

ولكنها ظلت طافحة

بغوايات الحنين

***

لم أدرك العائلة

التي حلمت يوماً في تكوينها

وما يؤلمني حقاً

ذكرى امرأة أضعتها بين الأيام

كانت قد نسيتْ
زجاجة عطرها على طاولتي

***

البرد قارص
والمدفأة خاوية من الحطب
هكذا لا شيء هنا يكتمل

***

كم مرة،
كنت أنا الغريب الذي يعبر الشوارع
بأمنيات يبللها المطر
في أن تمنحني مساكن هذه الأرصفة
إلفة زهوها
كي تعرفني المرايا وواجهات المحلات
ولكنّ الأمور تجري
على عكس شرط الاندماج

***

يسألوني عن النجاة

وأجيب أنّ حياتي هي النجاة

واندهش من نفسي

كيف لي هذي النجاة

***

في غزو الملل

اخترع لنفسي الضوء والامل

ليكون حضوركِ ساطعاً

في الغرفة التي ابتنيت فيها عزلتي

كقلعة

أرى انهيار أسوارها

كلّما هبّت نسائمكِ

***

أنيني أم أنين الغرفة

يلتبس عليّ الأمر؟

***

أشعر بقلب جديد

وليس لي رغبة في دفن القديم

فأنا غداً لا أعرف على أي قلب أكون

وفي أي أرض أكون

***

فكرت أن أجمع كلامي مع نفسي

كلامي الذي لم ينطقه لساني

في علبة مضغوطة لوقت آخر

***

أشيخ في منفاي

وطفولتي لا تفارقني، تلاعبني

البارحة أخذت بيدي إلى أراجيح المدينة

وطلبت أن نحتسي المثلجات

***

أهرب إلى الاحلام من العجز والمرض

هل كنت احتاج أن أكون بطلاً

لأشعر بأنني فعلاً ما زلت أحيا؟

***

اخيراً،
أصبح لدي "لابتوب"
هل وصلت متأخراً
وقد لا يتسنى لي أن أوثّق غيابي؟

***

هل سأبقى هنا حزينا
أتجرّع الحسرات والندم
وأعالج القصيدة من غزوات الأرقام
كأنْ أشحنها بالعاطفة
وأفقأ دماملها
بإبر من إحساس

***

من يزحزح هذا الجدار
من يزحزحني من هذه الظلال؟

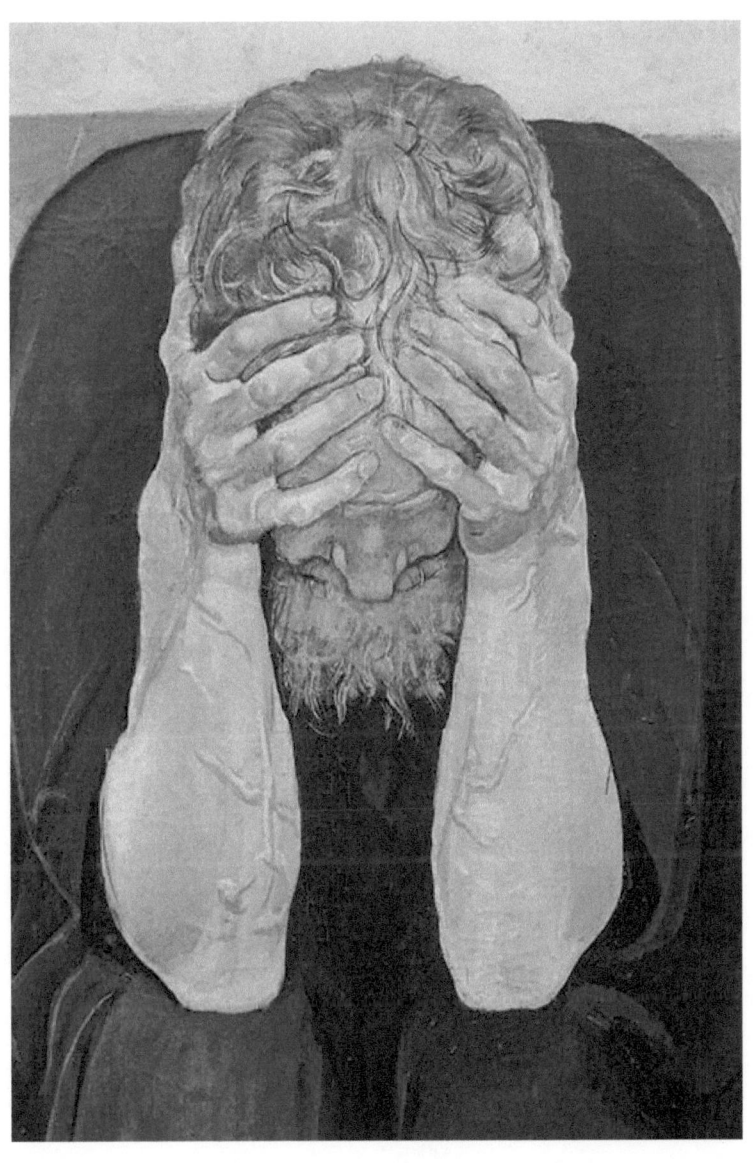

أجترّ
الخيبة كلّ مساء

أُخرّط الخيبة لأستطيع مضغها
فأكتشف أنها تمضغني
وأسناني الاصطناعية جسر يتأرجح
في الفراغ

كم كنت ساهياً
عن انني أجتر الخيبة كلّ مساء
***
في العزلة الشاسعة
المترامية بين الجدران
أقرأني.. لأضحك وأبكي
***

أضحك وابكي من عالمي
الذي ما عاد حقيقيا

***

انظر في منفضة السجائر الممتلئة
وأخشى ما أخشاه
أنهم يمنعون التدخين في غرف الموتى

***

أتساءل: كيف كبرت ولم تتبدل مشاعري
كيف احتفظت بمشاعر الطفولة؟
والدنيا تغيرت وصار فيها "كرواسّون"
وأنا ما زلت أشتهي "عروسة الزعتر"
التي كانت تلفها لي امي
كلّ صباح

***

هل ينبغي أن يكون للعزلة
أناشيد من المديح

كالحب والموسيقى

***

ستكون غربة أخرى

فيما لو مضت الحياة بعشوائية

في بلاد مرتّبة

***

ما ينبغي أنْ يتعلمه المنفيون

أنْ لا يسرفوا في اهراق الدمع

على غير أوان

فأنّ عاصفة الأحزان ستهبّ بلا ريب

دون أنْ تقرع الأبواب

***

لطالما وجدت نفسك عاريا

في شوارع المنفى

تغطّيك غيمة

أرسلتها لكَ أمّك من قبرها البعيد

***

شرفتي على العالم
ليس أكثر من ثقب
في جدار غرفتي

***

تجعلينني أنْ أتنفسكِ أيتها العزلة
لتبنين في روحي
مسكنكِ

***

آلام كثيرة تنتشر على الأرض
في الماء وفي الهواء
تنسيني آلامي
وربما أرضى بما قسمته لي الحياة

***

لا أقضم التفاح في الليل
أخاف أنْ أقضم قلبي
الذي أُربي فيه الأمل
كما أخاف على الفراشة

التي تحلق حول الضوء

لئلا تكون قد مسّت روحي

***

أيها الليل

كن لطيفاً معي كما أنا أكون معك

فأنا في حضرتك

أهمس في نفسي

لئلا أزعج سكينتك

***

في العزلة ستصبح كائنا رقمياً

وستعتاد على عدِّ كلّ شيء

خطواتك إلى المقهى

لتجلس مع ظلالك على الرصيف

وستحفظ في العتمة

عدد درجات السلّم إلى الغرفة

ستعدّ أكمام الوردة

كي ينبئك المفرد والمزدوج في عددها

حظك القادم
وستتذكر امرأة أحببتها
كانت فتاة بكراً
تتمنّع عن منحك قبلة
وإنْ لمست يدها ترتجّ
كما لو مسّتْها الكهرباء
ثم ستحصي عدد النساء..
ستحصي الطعنات
روحك عدّاد
وأنت على شاطئ مفتوح المدى
لا يمنحك سوى الحيرة والتيه
***

تشتعل روحك بالحنين
ووجهك إلى حائط
***

صلواتي ودعواتي
عبث على عبث

ليستنسخ فيّ كل صُوَر الهباء

***

أريدني واقفاً

ولكن ما هذه الكهولة

التي تدبّ في جسدي

وما لهذه العاصفة اللئيمة

التي لا تكفّ عن الهبوب

***

في جيبي فراشة

لا أدري من أي عهد علقت

أمِنْ عهد الطفولة

أم من عهد شغفي بالطيران؟

***

هذه "الايميلات" الكئيبة المتتالية

تحذوني على الكراهية

أن أكره هؤلاء الذين يتاجرون بكآبتي

هؤلاء الذين يدّعون بأنهم يستطيعون

تحويل جحيم الكآبة إلى حديقة تفاح

ونشيج الحزن إلى ضحكات

***

عالق بين الوقت ودنو السماء

أرمّم سقف عزلتي

***

هل أعيش في وقت مستعار

اقترضته من روح أخرى

أم هي روحي السابعة في اليوم السابع

لانتهاء الأسبوع

***

إذا كانت كل الحوادث المأساوية تأتي صدفة

اذن.. لماذا لا تأتي احداث

تبعث إلى البهجة؟

***

كانت هناك شجرة في أقصى المدينة

أسميتها شجرة التيه

حين أقعي في افياءها

تنتابني غيبوبة

أراني فيها على ما لا أنا عليه

***

أرنو إلى البلاد

أرنو إلى الديار

إلى الخِرْبة

حيث ثًرى اسلافي

***

كيف أسهو ولا أدري

أنّ عزلتي هي مطلق حريتي

هنا، حيث أكون وجهاً لوجه مع الغزلان

هنا، تأمنني الطيور ويأمنني الحمام

هنا، تدعوني الحقول لأسرّح روحي من جسدي

لأجد هنيهة لسكينة وبرهة لأنام

***

قبل قليل كنت حزينا

وبعد قليل سأكون حزينا

هكذا أنا معلق بالحزن

من قبل ومن بعد

اليوم وغد

***

وأرى الحياة من حمامة

اختارت حافة نافدتي

لتبني عشها وتضع بيوضها

***

لم يتبق لي سوى فلتر السيجارة

بدل الفتات

لأرميه للطيور التي تنتظرني على الشاطئ

إنني أخدع الطيور

كما خدعتني الحياة

***

ابكي فجأة

ولا أدري،
هل أبكي على عمري الذي راح
أم على عمري المتبقي

***

- هل هذا أنا؟
وأبحلق في المرآة بعينين زائغتين
شخص في المرآة يسأل.
- ماذا فعلت بي أيها المنفى..
أيتها العزلة؟

أتعثّر بظلّي

ايتها العزلة.. المرآة،
لا تخادعيني
دمي علّمني
كيف يكون الانتماء
وأنّ دمي هو نفسي
منذ أن وضعتني أمي في مخيم
على حجر بين الأشواك
***
وأنا صغير أحببت المرايا
وعدسات التصوير
الآن.. أكره المرايا
التي تريني شكل الخسارة
الموسوم في وجهي

***

أنا هنا لا اقرر شيئاً

حتى أنفاسي، ليس لي إرادة عليها

كل شيء يمضي بالفطرة،

كما لو أنّ يداً خفيّة تحركه

وما أعرفه أنها ليست يدي

***

كيف أرفع راياتي

وسقف غرفتي واطئ

وظهري يميل إلى الإنحناء؟

***

لماذا اقرر ما أقرره

والتقرير مكتوب منذ المهد؟

***

أمامك الطريق،

طويلة إلى ما لا نهاية

هل ستمدّ خطاك عليها،

أم ستقف مكانك كشجرة تتشاءم

كلما تحركت الريح؟

***

عبثاً تحاول أنْ تلمّ تبعثرك

ما بين السرير والطاولة

***

حواسي كثيرة

أكثر ممّا لبشري آخر

كلها معلقة بالقلق

هل أنا كائن عُجن من قلق؟

***

في الحرب

كنت أستطيع أن أحصي عدد الشظايا

أما في الخسارة

طعنات لا تُعدّ ولا تُحصى

***

أتعثر بظلّي

فأراني أكثر نأياً عن نفسي

***

من شدة وحدتي

أخاطب الحمامة التي تسكن نافذتي

يا أختي

***

أعيتني هذه الظلال على الحائط

لا هي تنزاح منه، ولا هي تغيّر مكانها،

ولا هي تختفي فيه

هل الزمن توقف هنا؟

هنا، حيث العزلة تصطخب في عروقي

***

لست عاطلاً عن العمل

أنا هنا أحرس النجمة إنْ كبتْ

والوردة إن بكتْ

ولي الليل ساتر تشردي

***

أنا هنا لست غريباً عنّي
كأنني شجرة تحفظ ثمارها
كل عام
وتعرف كيف تدير أفياءها

***

من أخرج الغزالة من القصيدة
وأجلسها أمامي على الكرسي
لتناقشني في الوقت والسرعة
ونعمة البريد الإليكتروني

***

العزلة ذئب يعوي طوال الوقت
وأنا الفريسة التي تتغطى
ببطولة واهية
استنفذها العمر

***

يهمس في اذني النوْرس
الذي يجيء إلى الأشجار ليبني عشه

أنا ابن البحر
وأنت ابن وطن بعيد
أنا وأنت في المكان الخطأ

***

في عمق الوحدة أصرخ بالسؤال:
أين الناس؟
هل بات هذا الكون قفر؟

***

هذا العيد يعضني
لا إلفة تضمني إلى جمع شمل
أو تستضيفني إلى مائدة
والأراجيح مغلقة
لأتذكر طفولتي

***

لا انتظر أحداً.. ولا أتوقع شيئاً
لم أعد مبالياً
فقط، أريد أن اطرد الذبابة من غرفتي

وأفتح النافذة للفراشة
وأبوح للحمامة بكل خلجاتي

***

حلمت يوماً بترميم الكون
ومنح البهاء رونقاً جديداً
فيما لم أدرك نفسي لترميمها

***

شتات في الروح
هذا ما لا تبصره عين
لمن تشكو
ولا هاتف يرن

***

لا دبيب في الأرجاء
غير دبيب القصيدة
تأتي كطلقة الرحمة
وتصب الندى على الجراح
هل هذه هي حلاوة الروح؟

***

أنسى كل شيء

وما لا انساه

دموع الطفولة

التي لا زالت مخبأة

تحت شجرة التين

***

هل ينبغي أن أخاف من الشيخوخة؟

وأخشى من النهايات؟

حين اسمع في داخلي هتاف البدايات

وأرى فيما أرى

جنائن من التفاح تلوّنها الفراشات

شذرات

قلب
كيف له الجمر

هذا القلب الساكن في الماء

هواء
كثيرا من الهواء

حتى يعرف الجسد مداه

ألم
كثيراً من الألم

قد تمطر

عندما تردد البرية

صدى صراخ الانسان

عزلة
في عزلة

وباء خلف الأبواب والشبابيك
وباء في البر والبحر والأجواء
وباء في كلّ البلدان

جائحة تدفع الكون
إلى غرفة

ما أضيق الكون
ما أوسع الغرفة

عزلة في عزلة
نضع أنفسنا تتجلى في الوحشة

ندنو من النافذة
فتردنا النسمة

يقولون:
أنّ الفيروس يطير مع النسيم

شخصياً، وفي عمق عزلتي
كنت أفكر وأسأل نفسي:
هل بقي حياة خارج الغرفة
هل ما زال الورد يتفتّح صباحاً
والقطارات تحمل المسافرين

هل ينام الفيروس في الليل
ليتسنى للناس الخروج
إلى حياة أُهملت في النهار

ظلالنا في البيت تغيّرت
أشياء البيت التي آلفتنا
صارت تحتار بتقلباتنا
وتتوه عنا

في الأسواق صرنا نترك مكاناً للفراغ
والمقاهي أغلقت بوجوهنا
من سيعبئ الفراغ
من سيشغل الكراسي؟

في يومياتنا
بات الحزن من الأشياء الكلاسيكية
والبسمة شيء من فوق الطبيعة

هل يختارنا الفيروس
أم نحن الذين نختاره
حين ننخرط في الزحام

ما عادت تعرف بعضها البعض

الأرحام

والمرء يتوجس من ظله

ضاقت البيوت بالموت

وتلك الجثث الملقاة بين النفايات

تعود لموتانا

ما أضيق الوقت

ونحن نتفحص بنظرة خاطفة

إنْ كانت وجوهنا بينها

وحيدون مع الروح

والكلّ يريد تأجيل موته

ليس من الواضح

أنّ شفاء في اللقاحات

فهل نلجأ إلى الشعر والموسيقى
إلى الجنون والصراخ
وهل نعلّق في أعناقنا تميمة من السحر
كي ترد الفيروس عن صدورنا
ونحمي رئاتنا

نرتجّ مع اضطراب الحياة
تسكننا الهواجس والكوابيس
نتخبط...
ونلهث خلف نجاة

في وقت مضى
كانت الجنازات تحتشد بذوي القربى، الأصدقاء،
والجيران
أما في ظل الجائحة،
كم شخص؟
واحد.. اثنان

ربما هما من عمال البلدية أو بالإيجار

ماتت زنبقة حديقة البيت
هل كورونا
تُهلك النبات أيضاً؟
أم بتنا نتقاعس عن بث حياة
في وردة

أم في سعينا لحفظ أرواحنا
نسينا أنْ نسقي روح الحديقة؟

مسكونون بالخوف
ولكي يكون الحجْر متكاملا
توقف العشاق عن تبادل الورود النباتية
وسمحوا للبلاستيك أن يكون تعبيرا
للعواطف

لا قُبل بعد اليوم
كيف سنوقّع الحب
هل سنكتفي بالجلوس خلف النوافذ
ونراقب الحمام؟

الغرف التي كنا نمضي بها
حياتنا السعيدة
باتت مغلقة على ذكرياتنا
حيث الوحدة ابتنت أعشاشها
لتوالد الكآبة

الحجْرُ
أنْ ندور حول أنفسنا
داخل غرفنا المغلقة
أو فوق السرير
نشتبك مع كائنات لا نراها
على الهواء والاوكسجين

الوجوه ما عادت تُقرأ تحت الكمّامات
الكمّامات تحجب القسمات
صرنا وكأننا في حفلات تنكرية
نتنكر لأنفسنا
قبل أنْ نتنكر للآخرين

مرايانا تنكرنا
حين يكون الحزن صاحياً في الروح
وجوهنا مخطوفة وصفراء
من أثر الخوف

هل نأكل الفاكهة
أم مرّ عليها الفيروس
وهل لكي نطمئن
يجب غسلها في غسالة الثياب؟

رخويون بعد الرخاء
بين السياسة والمناخ
يجمعنا الكون في اناء واحد
نتجمد فيه أو نسيح
هل بتنا مجسدات بلاستيكية
لا قلوب لها ولا مشاعر؟

نعيش في نقصان
وما عاد شيء يكفينا
ونرضى بأي شيء لمجرد أن تبقى دماء الحياة
تتدفق في عروقنا

لقاحات.. لقاحات.. لقاحات
يتسابق المخترعون في ايجادها
ولكن السؤال يبقى يحوم في الفكر
أمن أجل الشفاء
أم لأجل زيادة رأس المال؟

قال العارفون وقرأنا وسمعنا
انّ كورونا تستهدف رئاتنا نحن البشر
ولكن ما بال الطير توقف عن النشيد
والشجر لم يعد يطرح الثمر؟

لماذا يخبو صوت القصيدة
هل أصيبت بنزلة برد
فأحيلت إلى الحظر

هل تشكلنا الجائحة
ام نحن نشكلها؟

تتلاشى الأجوبة
وتبقى الأسئلة كالزمهرير

كنا نعتقد ان الكون تخطى الهشاشة
ودخل في زمن ما بعد الحداثة

ولكن ها هو فيروس كورونا
فضيحة الكون
في الهشاشة

كيف الشفاء
والأفكار بلا يقين
والدواء بلا يقين

لماذا فقدنا اليقين؟

عدم اليقين
أن تدور بنا الدنيا
وتدور

هل نحن في النهايات
أم في بدايات خلق جديد
لكون جديد

لمحة عن المؤلف

سعيد الشيخ، اعلامي وكاتب وشاعر فلسطيني يقيم في السويد.

* صحفي مستقل يكتب في عدة صحف عربية ومواقع اليكترونية في المجالين الثقافي والسياسي.

* أنشأ ويدير موقع صحيفة "ألوان عربية" الاليكتروني منذ عام ٢٠٠٩.

* عضو اتحاد الكتاب السويديين.

* أصدر ١٨ كتابا ادبيا في تصنيفات مختلفة توزعت بين الرواية والقصة القصيرة والشعر وقضايا فكرية، كما أن له مجموعتين شعريتين باللغة السويدية.

المحتويات